# Los cielos azules de Ky

## Una aventura de necesidades especiales

**ESCRITO POR** Corie Frazier-Brown

**ILUSTRADO POR** Wei Lu

Publicado por Inspire Books
www.inspire-books.com

Portada blanda ISBN: 978-1-961065-29-1
Portada dura ISBN: 978-1-961065-30-7

Imprimido en Estados Unidos

Me gustaría dedicar este libro a mi esposo; a mi
hermosa mamá; a mi increíble papá, a quien extraño
profundamente; a mis hijos y nietos; y a todos los
jardineros que cultivan sus semillas.

**Actividad:** Señala en el dibujo las cosas ruidosas.

Su mundo es más ruidoso, así que lo silencia con sus manos.

**Actividad:** Señala tu actividad favorita al aire libre.

Su mundo es más divertido, así que corre, salta y ríe.

**Actividad:**
¿Puedes encontrar todos los colores del arcoíris? Señala las cosas de color rojo, naranja, amarillo, verde, azul y morado.

Su mundo es hermoso, como los colores del arcoíris.

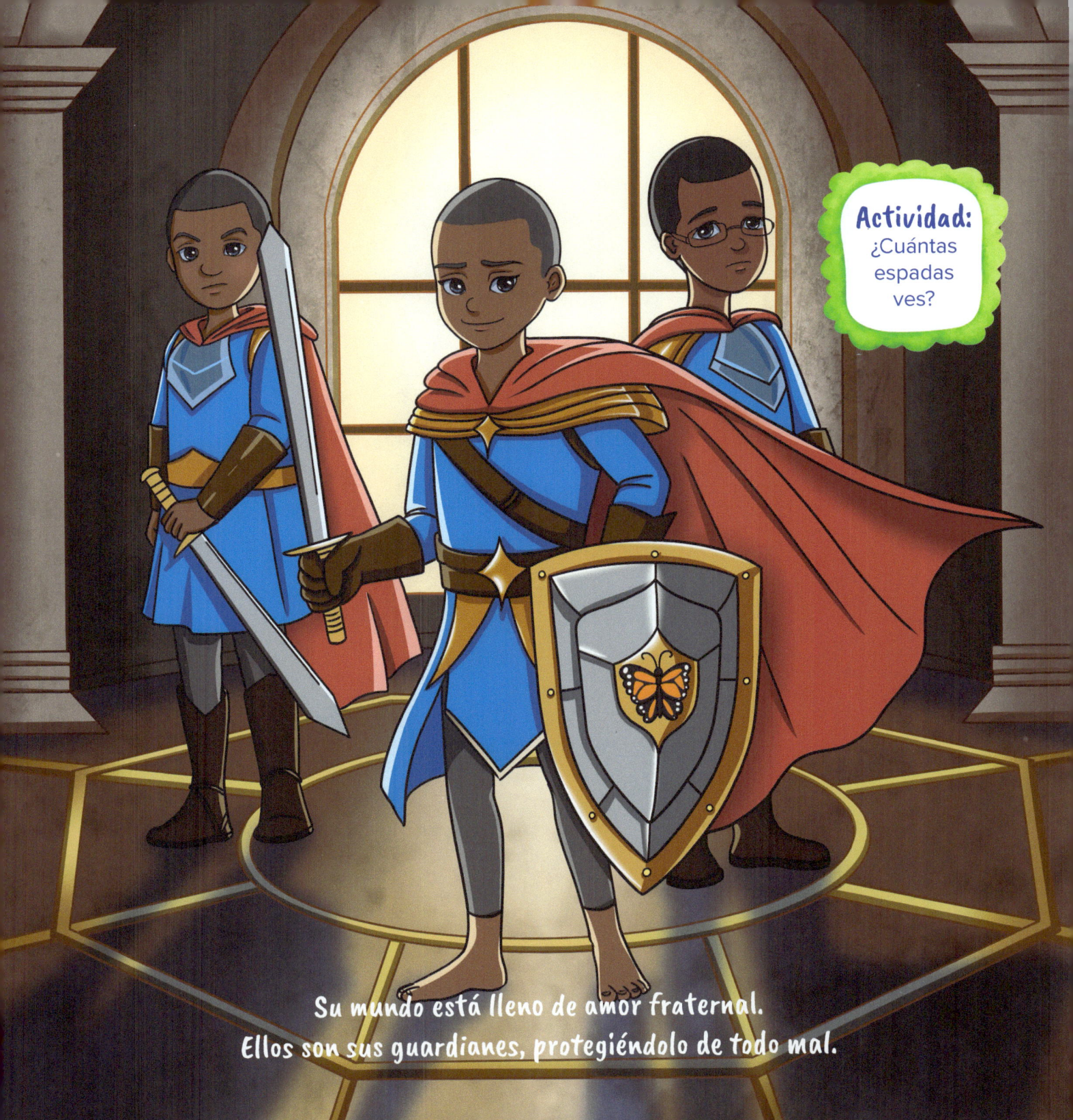

Actividad:
¿Cuántas espadas ves?

Su mundo está lleno de amor fraternal.
Ellos son sus guardianes, protegiéndolo de todo mal.

Su mundo es ocupado, dando vueltas y
vueltas a sus juguetes . . .

. . . mientras sus ojos buscan tesoros escondidos en el suelo.

**Actividad:** Cuenta los palitos, ramitas y flores del dibujo.

Su mundo está lleno de amor y abrazos
de oso de sus seres queridos . . .

**Actividad:** Señala tu juguete favorito de los dibujos.

. . . y noches enteras haciendo ángeles de nieve acostado en la alfombra.

**Actividad:**

¿Puedes adivinar por qué Ky está triste?

Su mundo a veces se llena de lágrimas inexplicables.

Pero no hay necesidad de llorar, pequeño Ky, tu familia siempre está cerca.

Su mundo está lleno de retos
que muchos no entienden.
Pero Ky sigue creciendo y prosperando
y haciendo lo mejor que puede.

Su mundo es silencioso en un mundo imperfecto, pero sus ojos cuentan historias de cielos azules y días soleados . . . hechos por el Creador que temerosa y maravillosamente lo hizo.

**Actividad:** Encuentra todas las cosas amarillas de la página.

# Sobre la autora

Corie Frazier-Brown es esposa, madre de tres hijos adultos y abuela de cuatro en Carolina del Sur. Le apasiona su fe en Dios, caminar en su propósito divino y abogar por las personas con espectro de autismo. En su tiempo libre, Corie disfruta viajar, leer, escribir y pasar tiempo con su familia.

# Sobre la ilustradora

Wei Lu es una ilustradora publicada internacionalmente cuyas obras aparecen en novelas, libros infantiles y en promociones. Wei asistió al programa de Diseño Interdisciplinario de la Universidad NSCAD, se especializó en ilustración y se graduó con una licenciatura en diseño.

"Pues yo sé los planes que tengo para ustedes"—dice el Señor—. "Son planes para lo bueno y no para lo malo, para darles un futuro y una esperanza".

**Jeremías 29:11**